AF410917

LES SUITES
D'UN BAL MANQUÉ

FOLIE-VAUDEVILLE EN UN ACTE

DE

MM. MARC-MICHEL et SIRAUDIN

Représenté pour la première fois à Paris, sur le théâtre du Palais-Royal,
le 7 mars 1859.

PERSONNAGES

CHAUMINOIS..............................	MM.	Lhéritier.
OSSIAN DE QUATREBŒUFS.............		Hyacinthe.
OSCAR VILLÉBREQUIN, quarante ans.....		Luguet.
TROPHIME.................................		Gil-Pérez.
Le père LUMBAGO, portier................		Lacroix.
REGINGUET, ami de Trophime.............		Laurent.
MADAME DE QUATREBŒUFS...........	Mlles	Thierret.
EULALIE, nièce de Chauminois.............		Anna Vernet.
NANINE, bonne de Chauminois.............		Daroux.

PARIS

LIBRAIRIE NOUVELLE
BOULEVARD DES ITALIENS, 15

A. BOURDILLIAT ET Cᵉ, ÉDITEURS

Représentations, reproductions et traductions réservées

1859

D'UN BAL MANQUÉ

Le théâtre représente la cour d'une maison. — Un mur au fond, avec une grande porte cochère. — A gauche, la maison ; au deuxième plan, l'entrée de l'escalier ; au troisième plan, la porte de la loge du concierge fermée en dedans ; au-dessus de cette porte, et au premier étage, fenêtre praticable avec barre d'appui. — A droite, le pignon d'une maison, avec une petite porte, au troisième plan, communiquant à un café. — Un réverbère à l'angle de la maison de gauche.

SCÈNE PREMIÈRE

LE PORTIER et UN GARÇON DE CAFÉ, puis CHAUMINOIS.

Au lever du rideau, tout un mobilier est entassé contre le mur de droite. Le portier et le garçon de café étendent sur les meubles une grande serge verte qui les recouvre entièrement.

LE PORTIER.

Là !... voilà qui est fait !

CHAUMINOIS, paraissant à sa fenêtre.

Eh bien ! père Lumbago, est-ce fini ?

LE PORTIER.

Oui, monsieur Chauminois... je me suis fait aider par le garçon de billard du grand café qui communique dans notre cour.

CHAUMINOIS.

Merci, garçon de billard !... pour vous récompenser, demain, j'irai prendre un petit-lasse chez vous. (Le garçon sort par la droite.) Père Lumbago ! rentrez dans votre loge et tirez le cordon... Ma nièce va sortir... moi, je vais allumer mon lustre.

(Il disparaît.)

LE PORTIER.

Bien, monsieur... — Je lui obéis... et pourtant ce propriétaire ne m'a donné que trois francs cinquante au jour de l'an !... Mais je suis esclave de mon devoir.

(Il entre dans sa loge.)

SCÈNE II

EULALIE, NANINE. puis CHAUMINOIS et
LE PORTIER, dans sa loge.

EULALIE, sortant de l'escalier.
Allons, viens donc, Nanine, il est tard, dépêchons-nous.
NANINE, accourant.
Me v'là, mamzelle... Mais, bon Dieu! quelle idée prend donc
à votre oncle, monsieur Chauminois, de nous envoyer, à cette
heure-ci, chez votre couturière.
EULALIE.
Puisque ma robe n'arrivait pas !
NANINE.
Eh ! qu'avez-vous besoin de votre robe neuve ?
EULALIE.
C'est mon oncle qui le veut ainsi.
NANINE.
Et pourquoi qu'il parle aussi d'allumer son lustre ?
EULALIE.
Est-ce que je sais ?... Viens-tu ?
NANINE.
Évidemment, il y a quelque chose.
EULALIE.
Nous le saurons plus tard... Cordon, s'il vous plaît !
NANINE.
Cordon, s'il vous plaît !
CHAUMINOIS, à sa fenêtre.
Cordon, sac à papier !
LE PORTIER. dans sa loge.
Monsieur, il est tiré depuis trente-cinq minutes.
CHAUMINOIS.
Allons, ma nièce, dépêche-toi !
EULALIE.
Oui, mon oncle.
CHAUMINOIS.
Ah !... Nanine, en revenant. tu rapporteras une douzaine de
gâteaux et six bouteilles de bière.

NANINE.

De la double?

CHAUMINOIS.

C'est une idée... oui... mais, puisqu'elle sera double, tu n'en prendras que trois.

NANINE.

Ah çà! monsieur, vous attendez donc du monde?

CHAUMINOIS.

Pas d'hypothèses! Je n'aime pas les hypothèses!... Et surtout, Lalie...

EULALIE.*

Mon oncle?

CHAUMINOIS.

Si tu rencontrais, par hasard, dans ton chemin, soit dans cette cour, soit dans l'escalier, ce polisson de peintre qui demeure au-dessus...

EULALIE.

Monsieur Trophime?

CHAUMINOIS.

Je te défends expressément de lui parler.

EULALIE.

Mais, mon oncle...

CHAUMINOIS.

Pas d'ambages... je n'aime pas les ambages!... Tu ne lui parleras pas!

EULALIE.

Puisque vous me le défendez!

CHAUMINOIS.

Très-bien!... Je vais continuer d'allumer mon lustre. (Il ferme la fenêtre.)

SCÈNE III

EULALIE, NANINE, TROPHIME. puis CHAUMINOIS.

EULALIE, à part.

Ce pauvre M. Trophime!

TROPHIME, entrant par le fond.

Tiens. la porte est ouverte!

* Chauminois, Eulalie, Nanine.

NANINE, à part.

C'est lui!

EULALIE.

Ah! mon Dieu!

TROPHIME, avec feu.

Mademoiselle Eulalie! quel bonheur! quelle chance de vous
rencontrer! Vous voyez un homme à peu près fou! Depuis que
je suis votre voisin... depuis que monsieur votre oncle m'a
loué... très-cher, un grenier à souris dont j'ai fait mon domicile et mon atelier, je ne rêve qu'à vous, je ne vois que vous...
Je vous aime comme un roman... comme un amoureux du
Gymnase... et je suis capable des plus grandes extravagances
si vous blâmez cet amour, qui ne finira qu'avec la vie de votre
très-humble, très-respectueux et très-passionné serviteur. (Es-
soufflé.) Ouf!

EULALIE, troublée, bas.

Que faire, Nanine?

NANINE, bas.

Vous a-t-on défendu de l'écouter?

EULALIE.

Non!

NANINE.

Alors écoutons-le. (Haut.) Continuez, jeune homme!

TROPHIME, exalté.

Vous ne répondez pas? Je vous suis odieux!... Ce silence
est celui du mépris et de la haine! c'est mon arrêt de mort...
je vais l'exécuter à l'instant sous vos yeux... je vais me cou-
cher en travers de la rue sous le premier omnibus complet qui
passera... Cordon, s'il vous plaît! (Il remonte.)

EULALIE.

Ah! mon Dieu!

LE PORTIER, dans sa loge.

Il est tiré depuis quarante-trois minutes.

TROPHIME.

Merci, portier. Adieu, mademoiselle!

EULALIE, à Nanine.

Retiens-le donc.

NANINE.

Monsieur Trophime!

TROPHIME, s'arrêtant.

Cette voix...

NANINE.

C'est la mienne. On a défendu à mademoiselle de vous parler... mais on ne m'a pas défendu de vous répondre.

TROPHIME, follement.

Vrai!... mais alors... vous ne me détestez pas?...* alors votre flamme répond à ma flamme?

EULALIE, avec réserve.

Mais...

NANINE, étourdiment.

Mais certainement!

EULALIE, vivement.

Je n'ai pas dit cela.

NANINE, se reprenant vivement.

Nous n'avons pas dit ça!

TROPHIME.

Oh! c'est égal, je le devine! je l'avais deviné... et la preuve, c'est qu'aujourd'hui, à midi, j'ai écrit à monsieur votre oncle pour lui ouvrir mon cœur et lui demander votre main.

EULALIE et NANINE, étonnées.

Comment?

TROPHIME.

Quatre pages fiévreuses! de la lave! du vitriol! on ne résiste pas à ça!... Je grimpe chez lui pour avoir sa réponse... et ce soir, à neuf heures, je donne dans mon atelier un grand raout dansant pour célébrer avec mes amis cet heureux événement.

EULALIE

Comme il y va!

NANINE.

Et monsieur qui veut que vous mettiez votre robe neuve!

TROPHIME, radieux.

Pour mon raout! oh! le brave homme!

EULALIE.

Et il nous a dit de rapporter des gâteaux.

NANINE.

Et de la bière.

TROPHIME.

Par exemple! Je n'accepterai pas!... je ne veux pas!

* Nanine, Trophime, Eulalie.

EULALIE.

Mais pourquoi donc, alors, m'a-t-il défendu de vous parler ?

TROPHIME.

Pour nous annoncer, le premier, notre bonheur !... Oh ! le
brave oncle ! le digne oncle !

AIR *de Ninon.*

Je veux me jeter à son cou !
C'est l'existence qu'il me sauve !
Je veux embrasser son genou...
(Je dis son genou, car il est chauve !)
Je cours... (S'arrêtant.)
   Mais j'y pense, entre nous,
Pourquoi m'inquiéter des autres,
Si j' dois embrasser des genoux,
Je veux commencer par les vôtres.

(Il se jette à genoux et baise les mains d'Eulalie.)

CHAUMINOIS, sortant de la maison et apercevant ce qui se passe.

Sacrebleu !....

EULALIE et NANINE.

Oh !...

(Elles se sauvent rapidement au dehors.)

SCÈNE IV

CHAUMINOIS, TROPHIME.

CHAUMINOIS, furieux.

Monsieur...

TROPHIME, se relevant.

Monsieur Chauminois... je me rendais chez vous.

CHAUMINOIS.

C'est inutile... Je n'y suis pas !... Monsieur, c'est une abo-
mination, une infamie, une gredinerie !

TROPHIME.

Qu'y a-t-il, mon bon monsieur Chauminois ?

CHAUMINOIS.

Ne m'appelez pas votre bon. Ne m'adressez pas des épi-
thètes caressantes... Je n'y répondrais pas ! Que faisiez-vous là,
tout à l'heure, sur le dos de la main de la fille de feu mon
frère ?...

TROPHIME.

J'imprimais un baiser.

CHAUMINOIS.

Je l'ai vu.

TROPHIME.

Sur cette main... que j'ai eu l'honneur de vous demander sur les midi, midi et quart, dans une lettre incandescente.

CHAUMINOIS, étouffant de colère.

Je l'ai lue.

TROPHIME.

Et j'allais monter chez vous, pour vous presser dans mes bras... car j'ai deviné votre réponse, et je lis dans vos yeux...

CHAUMINOIS.

Vous ne savez pas lire cette écriture-là... Quant à ma réponse... (Traversant la scène et allant vers la droite.) Je l'ai préparée... claire, nette et précise... (Relevant la serge et découvrant le mobilier.) La voici !

TROPHIME.

Qu'est-ce que c'est que ça ?

CHAUMINOIS.

Regardez bien ce bric-à-brac !...

TROPHIME.

Bric-à-brac ?... (Déplaçant une chaise.) Mais c'est mon mobilier !

CHAUMINOIS.

Très-bien ! très-bien ! très-bien ! Vous comprenez ?... Je vous flanque carrément dehors !

TROPHIME.

Comment ! dehors !... à la nuit !... en hiver !... quand je donne un bal... auquel je vous ai invité !

CHAUMINOIS.

Oh ! je ne danse plus !

TROPHIME.

Mais vous n'avez pas le droit de m'expulser sans me prévenir trois mois d'avance... On donne huit jours aux domestiques, mais on donne trois mois aux locataires. c'est dans la loi !

CHAUMINOIS.

Permettez... Suivez bien mon raisonnement. (Il s'assied sur la chaise.)

TROPHIME.

D'abord, ne salissez pas mes meubles. (Il lui retire la chaise.*)

CHAUMINOIS.

Suivez bien... Qui dit location, dit loyers... M'avez-vous payé un seul terme ?

TROPHIME.

Non.

CHAUMINOIS.

Donc, il n'y a pas location... il y a prêt... Je vous ai prêté un logement, et je le reprends... c'est simple comme bonjour !...

TROPHIME.

Mais, c'est de la férocité.

CHAUMINOIS.

Et encore... notez ceci... (Il s'assied sur le fauteuil.)

TROPHIME, lui retirant le fauteuil.

Ne galvaudez par mes bibelots.

CHAUMINOIS.

Notez ceci... que je vous ai fait déménager par mon portier, et que je ne vous prends rien pour cela. Et maintenant, monsieur, bonne chance, bon voyage, bonsoir... Votre serviteur, de tout mon cœur.

TROPHIME.

Air : *Je partis simple militaire.*

Comment voulez-vous que je puisse
Me loger dans ce quartier-ci ?
Il est tard !

CHAUMINOIS.

Un dernier service :
Logez-vous, en sortant d'ici,
A Clichy, Vincenne ou Passy.

TROPHIME.

C'est trop loin !

CHAUMINOIS.

Non ! et, sans rancune,
De vous r'voir j'ai si peu besoin,
Que *logeassiez*-vous dans la lune,
Je ne vous trouv'rais pas assez loin !

TROPHIME.

Quoi ! dans le quartier de la lune ?

* Trophime, Chauminois.

CHAUMINOIS.

J'voudrais vous voir encor plus loin !

Moi, je vais à la rencontre de ma nièce, afin de vous épargner la peine de lui faire vos adieux. (Il remonte.)

TROPHIME.

Papa Chauminois...

CHAUMINOIS, criant.

Porte, s'il vous plaît !

LE PORTIER, dans sa loge.

Voilà ! voilà ! (Chauminois sort par le fond.)

SCÈNE V

TROPHIME, LE PORTIER.

TROPHIME, s'asseyant à droite.

Eh bien ! me voilà gentil !

LE PORTIER, s'asseyant en face de lui.

Monsieur... croyez bien que je vous ai déménagé avec la mort dans l'âme !

TROPHIME.

C'est un tigre... que ce marchand de calorifères !

LE PORTIER.

J'ai même abrité vos chevalets dans ma loge... ainsi que votre mannequin et ses costumes... par égard pour son sexe !

TROPHIME, lui tendant la main.

Ah ! vous avez des entrailles, vous !

LE PORTIER.

Oui, monsieur !... J'aime les artistes !... Et où faut-il trimbaler tout ça ?

TROPHIME.

Est-ce que je sais ?... sur la colonne, sur la tour Saint-Jacques... dans la lune ! * (Il se lève.)

LE PORTIER.

Vous exagérez, monsieur... Vous n'êtes pas sans avoir un ami !...

TROPHIME.

Tiens ! c'est une idée, ça !... Si j'allais avec mon bataclan... chez mon ami Villebrequin... c'est cela ! (Au portier.) Aide-moi !

_____

* Trophime, le Portier.

LE PORTIER.

Volontiers, monsieur. (On frappe brusquement à la porte.)

TROPHIME.

On a frappé.

LE PORTIER, criant.

La porte est ouverte !

SCÈNE VI

LES PRÉCÉDENTS, AMIS, puis VILLEBREQUIN.

CHŒUR.

AIR *de Pepito.*

C'est un jour de fête,
Un jour de plaisir !
La jeunesse est faite
Pour se divertir !
Rien ne nous arrête
Dans tous nos désirs,
Crions à tue-tête,
Vivent les plaisirs !

VILLEBREQUIN, entrant une valise à la main.

Monsieur Trophime est-il chez lui ?

TROPHIME.

Villebrequin !

VILLEBREQUIN.

Je me rends à ton invitation.

TROPHIME.

Moi, je me rendais chez toi... Où demeures-tu ?

VILLEBREQUIN.

Je ne demeure plus.

TROPHIME.

Ah bah !

VILLEBREQUIN.

Depuis ce matin... on démolit mon immeuble... et je viens
te demander l'hospitalité.

TROPHIME.

A moi !... Ah ! tu as eu là une fameuse inspiration !

VILLEBREQUIN.

Montons chez toi, je m'enrhume.

LES AMIS.

Oui, oui ! montons chez toi !

TROPHIME.

Chez moi ! mais vous y êtes !

TOUS.

Comment ?

TROPHIME.

Ne reconnaissez-vous pas ce riche mobilier ?

VILLEBREQUIN.

Le tien ?

TROPHIME.

Expulsé depuis cinq minutes.

TOUS.

Ah !

VILLEBREQUIN, stupéfait.

Ah ! saperlotte !... nom d'un petit Savoyard ! mais te voilà domicilié comme moi sous la calotte d'azur !

REGINGUET.

C'est dur !

UN AUTRE.

C'est guignonnant !

VILLEBREQUIN.

C'est enrhumant... Ah çà ! si j'essayais d'attendrir le père Chauminois ? si je lui offrais ma signature ?

TROPHIME.

Il refuserait même ton argent ?

VILLEBREQUIN.

Je ne lui en offrirais pas !

TROPHIME.

La question du terme est compliquée d'une question d'amour... j'adore sa nièce.

VILLEBREQUIN.

La brune Eulalie ?

TROPHIME.

J'ai osé postuler sa main.

VILLEBREQUIN.

Et crac !... O amour ! voilà de tes coups ! Ton infortune me remémore une touchante idylle de ma blonde jeunesse.

TROPHIME.

L'histoire Fouillebotte ?

TOUS.

Qu'est-ce que c'est que ça ?

VILLEBREQUIN.

Mes enfants, je n'ai pas toujours été un rapin de quinzième année, rapin râpé, blasé et désenchanté de la vie. J'ai eu mon printemps dans sa fleur, à ce point qu'un jour une abeille se posa sur ma joue, pensant butiner sur la rose !

TROPHIME.

Il t'en reste quelque chose !

VILLEBREQUIN.

Il m'en reste ce qui reste de la rose quand elle a fini son temps.

TOUS, vivement et lui coupant la parole.

Après ? après ?

VILLEBREQUIN, reprenant.

C'était à Château-Chinon... J'aimais une jeune femme... elle était veuve... mais à peine... Elle se nommait Arsinoé Fouille-botte ! Ah ! je la vois encore !...

AIR : *Pour voir si Jean ne ment pas.*

Le jais ruisselait en boucles
Dans ses cheveux abondants,
Et, comme des escarboucles,
Flambaient ses yeux de diamants ;
D' corail, une double couche,
Laissait briller dans sa bouche,
De perl's un écrin complet.

TROPHIME.

Tu n' dépeins pas un' figure,
Tu nous détaill's la devanture
Du bijoutier Janisset.

TOUS.

V'là comme était $_{m}^{s}$on objet.

(On frappe à la porte de la rue.)

TROPHIME, bas.

On a frappé ! ce doit être lui !

VILLEBREQUIN.

Ton Chauminois ?

(On frappe de nouveau.)

CHAUMINOIS, au dehors.

Ouvrez donc, portier !

TROPHIME.

Je ne m'étais pas trompé !

REGINGUET, *regardant dans la loge.*

Le portier ronfle dans sa loge.

VILLEBREQUIN.

Mes enfants, j'ai une idée... une scie d'atelier... la marche aux flambeaux !

TOUS.

Ça y est !

REGINGUET.

Mais des flambeaux ?

VILLEBREQUIN.

Chez le portier... ceux des locataires !

(Ils se rangent tous contre le mur du fond ; Reginguet leur fait passer vivement des flambeaux allumés.)

CHAUMINOIS, *ne cessant de crier et de frapper en dehors.*

Mais portier ! portier !... ouvrez donc !

LE PORTIER, *dans sa loge.*

Voilà ! voilà ! (Il tire le cordon.)

VILLEBREQUIN.

Allez-y !

SCÈNE VII

LES MÊMES, CHAUMINOIS, EULALIE, NANINE.

(Tout le monde, tenant en main une bougie allumée, fait la haie à l'entrée de Chauminois, qui se trouve au même instant séparé de sa nièce et de sa bonne.)

TOUS, *chantant sur un air d'atelier.*

Monsieur de Malbroug est mort.   (*Bis.*)

CHAUMINOIS, *effrayé.*

Qu'est-ce que c'est que ça ?

VILLEBREQUIN.

Rassurez-vous. (Chantant.)

Non, Malbroug n'est pas mort,
Car il vit encor.

(Trophime fait un signe d'intelligence à Eulalie, qui se sauve en riant dans la maison. Nanine reste en scène, à gauche.)

* Eulalie, Nanine, Trophime, Chauminois, Villebrequin, les amis derrière Chauminois.

CHAUMINOIS.

Mais que veut dire ?...

TROPHIME, chantant.

On entend sous l'ormeau
Les accents les plus beaux.

CHAUMINOIS, voulant se sauver.

Assez ! a-t-on jamais vu ?

VILLEBREQUIN, le retenant.

Non, Malbroug n'est pas mort...

CHAUMINOIS, furieux.

Saperlotte !...

TROPHIME.

Je m'en vais tout vous avouer.

CHAUMINOIS.

Fichez-moi la paix !

TROPHIME.

Veuillez m'écouter !

REGINGUET, derrière Trophime, d'une voix de basse.

Veuillez l'écouter ! !

TROPHIME, s'attendrissant.

La nouvelle n'est malheureusement que trop vraie : mon
père était très-lié avec les quatre-z-officiers... Moi-même qui
vous parle, j'ai particulièrement connu celui qui ne portait rien ;
et je suis en mesure de vous assurer que... (Chantant.)

TOUS.

Monsieur Malbroug est mort...

VILLEBREQUIN, à Trophime.

Assez, monsieur, assez plaisanter un vénérable *vieillard*...

CHAUMINOIS, à Villebrequin.

Ah ! monsieur, combien je...

VILLEBREQUIN, à Chauminois.

Il y a, dans tout ceci, une erreur grave, et les nouvelles que
j'apporte... sont beaucoup plus sérieuses, car moi, qui connais
madame Monte à sa tour, je puis vous affirmer que :

Non, Malbroug n'est pas mort...

TOUS.

Non, Malbroug n'est pas mort
Car il vit encor !   (*bis.*)

(On escorte Chauminois jusqu'à l'entrée de l'escalier en lui chantant le
chœur de Marlborough.)

SCÈNE VIII

VILLEBREQUIN, TROPHIME, NANINE, LE POR-TIER, AMIS. *

TOUS, riant aux éclats.

Ah! ah! ah! ah!

TROPHIME, à Villebrequin qui s'est assis à droite en riant.

Qu'as-tu fait? Tu viens d'aggraver ma situation.

NANINE, s'approchant.

Votre situation?... elle est flambée!

TOUS.

Comment? (Villebrequin se lève.) **

NANINE.

Savez-vous pour qui tous ces préparatifs? Les gâteaux, le lustre, la robe neuve? Pour M. Ossian de Quatrebœufs et pour madame sa mère, madame veuve de Quatrebœufs!...

TOUS.

Quatrebœufs!

VILLEBREQUIN.

Qu'est-ce que c'est que tout ce cheptel?

TROPHIME.

Que viennent-ils faire ici?

NANINE.

Ils arrivent de la province pour épouser mamzelle.

TROPHIME.

Ciel! (Il fléchit sur ses jambes, les amis le soutiennent.)

NANINE.

Ce soir l'entrevue, demain le contrat, dans quinze jours la noce. Ils seront ici dans dix minutes. Vous v'là avertis, marchez là-dessus!...

VILLEBREQUIN, la retenant.

Merci du renseignement!... Tu ne veux pas ton pourboire?...
Il veut l'embrasser.

NANINE.

Ramassez donc votre ami. (Elle désigne Trophime qui chancelle.)

* Nanine, Trophime. Villebrequin, amis au deuxième plan.
** Amis. Trophime, Nanine. Villebrequin, Reginguet.

CHAUMINOIS, dans l'escalier

Nanine !

NANINE, disparaissant.

Voilà !

SCÈNE IX

VILLEBREQUIN, TROPHIME, LES AMIS, LE PORTIER.

VILLEBREQUIN ET LES AMIS, soutenant Trophime.
Eh bien ! eh bien !

TROPHIME.
Mes amis, je lègue mon mobilier à celui qui voudra bien me porter au pont des Arts et me flanquer par-dessus le parapet !...

TOUS.
Allons donc !

LE PORTIER, à part
Son mobilier ! (s'avançant.) Si ça peut vous être agréable...

VILLEBREQUIN, le repoussant.
Veux-tu bien t'ôter de là ? * (A Trophime.) Te noyer ! L'idée ne manque pas de fraîcheur, mais elle manque de gaieté. J'en ai une moins fraîche, mais plus folichonne.

TOUS.
Voyons !

VILLEBREQUIN.
Rien de plus simple ! Il s'agit d'arrêter la famille Quatre-bœufs au passage et d'empêcher toute communication entre elle et les Chauminois.

TROPHIME.
Comment cela ?

VILLEBREQUIN.
Parbleu ! en leur produisant des Chauminois de contre-bande !

TOUS
Bravo ! c'est cela !

TROPHIME.
Mais, où diable les recevoir ?

* Le portier, Reginguet, Trophime, Villebrequin, amis derrière.

VILLEBREQUIN.

Ici, chez toi... Mes enfants, alerte ! faisons le ménage.

TOUS.

Oui, oui.

VILLEBREQUIN.

En un tour de main, tu vas avoir un appartement fraîchement décoré...

TROPHIME.

Mais, très-haut de plafond.

CHŒUR.

AIR *des Culottières.*

TOUS.

Sans bruit, sans tapage
Et discrètement,
Faisons le ménage
De l'appartement.

bis

REGINGUET.

Ici, ces peintures !

UN AMI.

Ça fait bien à l'œil.

VILLEBREQUIN

Ici, ces tentures.

TROPHIME.

Ici, ce fauteuil.

ENSEMBLE, reprise.

Sans bruit, sans tapage, etc.

VILLEBREQUIN.

Une fleur fanée
Dans ce pot chinois.

TROPHIME.

Dans la cheminée
Allumons le bois.

REPRISE.

Sans bruit, sans tapage, etc.

(Pendant ce chant tout le monde range les meubles. La cheminée à
droite, une glace au-dessus. Au fond, à gauche, le lit-canapé placé
comme divan. Tableaux aux murs. Rideaux drapés sur la porte du
portier et sur la porte de la rue. Table à jeu sur le devant, à gauche.
Flambeaux et cartes à jouer sur la table ; flambeaux, pendule et
vases de fleurs sur la cheminée. Fauteuils devant la cheminée. Un
album et un crayon sur la cheminée. Ameublement comme dans
un salon. — La musique continue à l'orchestre. Tout ce jeu de
scène doit s'exécuter très-rapidement.)

VILLEBREQUIN, vivement.

Chapoulard, du feu dans la cheminée! — Pingouin, un coup de plumeau sur les meubles! — Toi, Reginguet, en faction sur la porte cochère, et signale-nous l'approche de l'ennemi!

(Tous ces ordres s'exécutent en même temps que Trophime, Villebrequin et les autres amis complètent le ménage. — Le portier frotte le pavé de la cour comme un parquet de salon.)

TROPHIME.

Voilà bien un domicile, mais des Chauminois?...

VILLEBREQUIN.

Ils sont là dans ma garde-robe. (Il fouille dans ses bagages.) Tiens! campe-toi cette vieille perruque! V'lan!... cette douillette puce... Très-bien... un Chauminois de première catégorie!...

TOUS, riant de la transformation de Trophime en vieillard.

Ah! ah! ah!

LE PORTIER, riant.

Ah! sont-ils *jovials*!... J'aime les artistes!

TROPHIME.

Et la jeune nièce?... la gracieuse Eulalie?

LE PORTIER.

Si on leur offrait cette demoiselle bien costumée qui se chauffe dans ma loge!

TROPHIME.

Mon mannequin!

TOUS.

Allons donc!

VILLEBREQUIN.

Cette poupée manque de réalisme!... (Trouvant une idée.) Laissez-moi faire... Je me charge de produire une Eulalie... plus potelée... Portier, je t'emprunte ta loge en guise de boudoir!

LE PORTIER.

Oh! je suis à vous jusqu'au dernier soupir!

REGINGUET, qui était en observation en dehors de la porte cochère, rentrant vivement.

Vite!

TROPHIME.

Les Quatrebœufs?

REGINGUET.

Ils sont sur mes talons... Je les ai entendus demander le numéro de M. Chauminois.

VILLEBREQUIN.

Surtout, mes enfants, du zing!... Beaucoup de zing! Il n'y a rien de possible sans le zing! Et nous, portier, dans ton boudoir!

ENSEMBLE.

AIR :

J'entends leurs pas ;
Chut ! ne rions pas :
Prenons des airs bien austères !...

VOIX DE CHAUMINOIS dans l'escalier.

Portier, il n'est venu personne pour moi ?

LE PORTIER.

Non, monsieur.

CHAUMINOIS, idem.

C'est bien bizarre !

SUITE DE L'ENSEMBLE.

La dignité
Et la gravité
Ici nous sont nécessaires !

(Villebrequin et le portier entrent dans la loge.)

SCÈNE X

TROPHIME, AMIS, OSSIAN DE QUATREBŒUFS, MADAME DE QUATREBŒUFS.

REGINGUET, au fond.

Les voici !

(Trophime et ses amis ont pris place comme dans un salon. Deux jeunes gens assis autour d'une table à jeu, jouent aux cartes. Deux assis sur le divan feuillettent un album. Un autre est adossé à la cheminée et lit le journal. Reginguet est près des joueurs. Trophime souffle le feu, assis dans le fauteuil devant la cheminée.)

MADAME DE QUATREBŒUFS, en dehors.

Numéro 63, c'est ici ! (Elle pousse la porte et trébuche au linteau du bas.) Oh ! (A son fils qui la suit.) Ossian, prends garde à la barre.

OSSIAN.

Oui, maman. (Il trébuche aussi.) Oh ! tiens, du monde ! (Ils ont chacun une valise et un parapluie.)

REGINGUET, s'avançant.

Madame nous fait l'honneur de demander ?

MADAME QUATREBŒUFS.

M. Chauminois, s'il vous plaît !

REGINGUET.

C'est ici !

OSSIAN.

A quel étage ?

REGINGUET.

Il n'y a pas d'étage, vous êtes ici dans son salon.

OSSIAN et sa MÈRE stupéfaits, et cherchant des yeux le plafond. Hein ?

TROPHIME, dans son fauteuil.

Qu'est-ce, vicomte ?

REGINGUET.

Mon cher Chauminois, une dame !

TROPHIME, se levant vivement.

Attendez !... Je devine... Mon cœur ne se trompe jamais... vous êtes madame de Quatrebœufs ?

TOUS, se levant vivement et saluant profondément.

Madame de Quatrebœufs...

MADAME DE QUATREBŒUFS.

Oui, messieurs !...

(Les Quatrebœufs saluent.)

TROPHIME, du ton le plus affable.*

Et ce cher petit Ossian, n'est-ce pas ? Beau jeune homme ! Charmant cavalier !

OSSIAN, modestement.

Oh ! figure chiffonnée... tout au plus !

TROPHIME.

Je vous attendais avec la plus vive impatience... je comptais les minutes sur ma pendule. (Il montre la pendule placée sur la cheminée.)

_____

* Reginguet, Ossian, Trophime, madame de Quatrebœufs. Les amis ont repris leurs places.

OSSIAN, à part.

Une pendule en plein air !

MADAME DE QUATREBŒUFS, très-intriguée de ce qu'elle voit.

Vous êtes bien bon... mais...

TROPHIME.

Enfin, vous voilà !... Débarrassez-vous donc. (On leur prend leurs valises, ils gardent leurs parapluies.) N'êtes-vous pas fatigués ? Avez-vous fait un bon voyage ?

MADAME DE QUATREBŒUFS.

Excellent.

OSSIAN.

Sauf le nez ! J'ai l'onglée au nez.

TROPHIME.

Approchez-le du feu.[*]

MADAME DE QUATREBŒUFS.

Ah çà ! pardonnez le saisissement d'une naïve provinciale... Vous habitez donc une cour ?

TROPHIME.

Il faut bien suivre l'usage... C'est une nouvelle coutume de Paris... Depuis qu'on a inventé d'habiter des sous-sols... on a monté... on habite les cours... C'est très-princier !

OSSIAN, regardant en l'air.[**]

Et très-aéré !

MADAME DE QUATREBŒUFS.

Ah ! c'est la mode... En vérité, ces Parisiens ne savent qu'inventer !

OSSIAN.

Nous n'aurions jamais trouvé celle-là à Château-Chinon.

TROPHIME, à part.

Tiens !... Château-Chinon ! Le pays de Villebrequin.

(Ossian et sa mère piétinent pour se réchauffer.)

OSSIAN, soufflant dans ses doigts.

Dites donc, papa-bel-oncle... (S'interrompant.) Je vous appelle papa-bel-oncle parce que je viens épouser votre nièce...

TROPHIME.

Ah ! très-spirituel !

LES AMIS.

Très-spirituel !

* Trophime, madame de Quatrebœufs, Ossian.
** Trophime, madame Quatrebœufs, Ossian, Reginguet.

REGINGUET, d'une voix caverneuse.

Très-spirituel !

(Ossian inquiet le regarde.)

MADAME DE QUATREBŒUFS.

Mais, à propos, je ne la vois pas cette chère et belle petite.

TROPHIME.

Elle est dans son boudoir... elle met quelques fleurs dans ses cheveux.

MADAME DE QUATREBŒUFS.

Nous brûlons de faire sa connaissance.

OSSIAN, soufflant dans ses doigts.

Ah ! oui, je brûle !... mais il y a des vents coulis... Ah ! je n'aime pas les vents coulis... à Château-Chinon... nous avons du vent, mais il n'est pas si coulis que ça !...

TROPHIME.

J'ai pourtant fait mettre des bourrelets ! (Se retournant) Ah !... je crois bien... la porte est restée ouverte !

OSSIAN.

C'est peut-être ça.

TROPHIME, à Reginguet.

Vicomte Reginguet, auriez-vous l'obligeance de fermer la porte ?

Reginguet va fermer la porte de la rue et revient prendre sa place près d'Ossian.

OSSIAN, à sa mère, bas.

Un vicomte ! maman ! un Reginguet !...

TROPHIME.

Vous voyez... En l'honneur de votre arrivée, j'ai réuni quelques amis, on sautera, on collationnera.

MADAME DE QUATREBŒUFS.

Dans votre cour ?

TROPHIME.

Certainement.

OSSIAN, grelottant et avec malice.

Y aura-t-il des glaces ?

TROPHIME, riant.

Ah ! très-spirituel !

LES AMIS.

Très-spirituel !

REGINGUET, même voix.

Très-spirituel! (Ossian très-inquiet le regarde.)

TROPHIME.

Mais nous avons à causer d'affaires de famille. (A ses amis.) Messieurs, si vous vouliez passer dans ma salle de billard... madame vous excusera.

MADAME DE QUATREBŒUFS.

Comment donc!

(Les jeunes gens échangent de grands saluts avec monsieur et madame de Quatrebœufs *.)

TROPHIME, bas aux amis.

Allez au café... et à minuit...

TOUS, à voix basse.

Grrrand tremblement!

CHŒUR.

LES AMIS, faisant des gestes de gamins aux Quatrebœufs qui leur tournent le dos.

AIR *de Castil-Belza.*
Au billard,
Sans retard,
Qu'en foule
On passe à la poule ;

(Les Quatrebœufs se retournent. Interruption du chœur et grands saluts cérémonieux. — Reprise du chœur et sortie des amis.)

Puis après nous viendrons
Pour danser des cotillons.

(Les amis entrent au café par la petite porte de droite.)

SCÈNE XI

TROPHIME, OSSIAN. MADAME DE QUATRE-BŒUFS, PUIS CHAUMINOIS.

OSSIAN, à sa mère.

Ils sont très-polis! Mais dites donc, maman, est-ce que je me marierai comme ça en pleine cour?

MADAME DE QUATREBŒUFS.

Puisque c'est reçu à Paris!

* Madame de Quatrebœufs, Ossian, Trophime, amis.

OSSIAN.

Bigre !

TROPHIME, redescendant et offrant des siéges.

Mais asseyez-vous donc, je vous prie. (On s'asseoit.) Ossian...
voulez-vous vous débarrasser de votre chapeau?

OSSIAN.

Non, merci, il ne me gêne pas... Je suis très-sensible de
l'occiput. (Il renfonce le sien sur sa tête jusqu'aux oreilles.*)

MADAME DE QUATREBŒUFS, grelottant de froid.

Ah çà! mon brave papa Chauminois, causons un peu de notre
contrat.

TROPHIME.

Avec le plus grand plaisir.

OSSIAN, étendant la main.

Tiens! tiens! tiens! en parlant du contrat, on sent des
gouttes.

(Ils veulent se lever.)

TROPHIME, les retenant.

Ça ne sera rien... le baromètre remonte...
(Ossian et sa mère ouvrent leurs parapluies, et la conversation
continue.)

OSSIAN, à part.

Je voudrais bien faire comme le baromètre... Quelle drôle de
mode!

MADAME DE QUATREBŒUFS.

Vous savez que mon fils Ossian apporte en dot un assez beau
lopin!
(Trophime prend le parapluie d'Ossian qui n'est plus abrité
qu'à demi.)

AIR : *Trompe jolie.*

Il a des fermes, une terre;
Une maison, presque un château;
Pour sa future, une rivière
De diamants de la plus belle eau.

OSSIAN, cherchant à s'abriter sous le parapluie que Trophime tient.

De diamants de la plus belle eau.
Mais en attendant que ma mère,
De ces biens-là m'ait fait cadeau,
Je sens dans l' dos une rivière
Qui n'est pas de la plus belle eau !...

* Madame de Quatrebœufs, Trophime, Ossian. Ils sont assis tous
trois.

TROPHIME, riant.

Ah! très-spirituel!...

(Ossian regarde derrière lui, comme s'il s'attendait à entendre Reginguet répéter le mot.)

CHAUMINOIS, criant dans la maison, très-fort en colère.

Portier! portier! portier!...

TROPHIME, à part.

Sapristi! le Chauminois! (Il tombe à la renverse, on le retient.)

MADAME DE QUATREBŒUFS et OSSIAN.

Ah! mon Dieu!

CHAUMINOIS, dans la maison.

Il n'est venu personne?

LE PORTIER, dans sa loge.

Non, monsieur.

CHAUMINOIS, grinçant et criant.

Saprelotte!... sac à papier!... c'est à se casser la tête contre les murs!

OSSIAN et SA MÈRE.

Qu'est-ce que c'est que ça?

TROPHIME, se rassurant.

Ne faites pas attention... une espèce de fou furieux... que nous avons dans la maison.

MADAME DE QUATREBŒUFS.

Un fou?...

OSSIAN.

Furieux?

TROPHIME.

Il a une singulière manie... Il se figure qu'il attend des visites... il allume son lustre... et comme il ne vient personne, il entre dans des rages bleues!...

OSSIAN.

Credié!

MADAME DE QUATREBŒUFS.

C'est effrayant!

TROPHIME.

Surtout, s'il vient, ne lui parlez pas!

MADAME DE QUATREBŒUFS.

Moi, grands dieux! parler à un fou!... Jamais!...

VOIX DE VILLEBREQUIN, chantant dans la loge.

Si vous m'avez aimé,
Vous prierez Dieu pour moi.

OSSIAN.

Oh ! j'entends un doux roucoulement... dans le boudoir !

TROPHIME.

C'est ma nièce !...

MADAME DE QUATREBŒUFS.

Oh ! quel timbre suave !

OSSIAN.

Je brûle de la contempler. (A part.) Ça me réchauffera.

SCÈNE XII

LES MÊMES, VILLEBREQUIN.*

(La porte de la loge s'ouvre, Villebrequin, habillé en jeune fille, fait des
efforts pour sortir, mais son immense crinoline s'y oppose.)

VILLEBREQUIN.

Petit oncle ! un coup de main, je vous prie... (Aidé de Trophime, il se dégage et entre en scène. Il est coiffé en ingénue et revêtu
d'une robe à très-large envergure.) Coucou !... c'est moi !...

MADAME DE QUATREBŒUFS.

La voilà !... qu'elle est jolie !

OSSIAN, sans la voir.

La *voili* !... qu'elle est *julie* !

TROPHIME.

Madame de Quatrebœufs... mon cher Ossian... je vous présente ma nièce Eulalie !

OSSIAN, la regardant.

Oh ! ce nez !...

VILLEBREQUIN.

Petit oncle !... je suis bien émue !...

MADAME DE QUATREBŒUFS.

Embrassez-moi, ça vous remettra !

* Villebrequin, Trophime, madame de Quatrebœufs, Ossian.

VILLEBREQUIN, à part.

Fichtre !...* (Villebrequin se jette dans les bras de Mme de Quatrebœufs et l'embrasse.)

OSSIAN, à part.

Quel développement !... quelle envergure !...

MADAME DE QUATRE-BŒUFS, lui tapotant la joue.

Elle a au menton un charmant petit duvet qui picote !

VILLEBREQUIN.

Vous aussi, belle maman, vous aussi !... (A Trophime.) Petit oncle, et mon futur... M. de Quatreveaux?...

MADAME DE QUATREBŒUFS, la reprenant.

Quatrebœufs !

TROPHIME.

Oh! monsieur votre fils est si jeune !

VILLEBREQUIN.

Dois-je l'embrasser tout de même ?

OSSIAN, à part.

Elle veut me picoter...

TROPHIME, grave.

Je crois, ma nièce, qu'un baiser sur la main est tout ce que les convenances... permettent quant à présent...

MADAME DE QUATREBŒUFS.

Elle est simple et naïve comme je l'étais à son âge !...
(Elle fait passer son fils. **)

VILLEBREQUIN, tendant sa main à Ossian.

Tenez, grand mauvais sujet !...

OSSIAN.

Aimable future !... Une telle faveur... (Il se penche pour atteindre la main, empêché qu'il est par la crinoline. Maman! cramponnez-moi un peu !... Sa mère le tient; il baise la main de Villebrequin, puis crache et feint de retirer un cheveu de ses lèvres.)

VILLEBREQUIN.

Oh! ce baiser... m'a été jusqu'au cœur !

TROPHIME, sévèrement.

Ma nièce...

MADAME DE QUATREBŒUFS.

Laissez-la dire... sa candeur me ravit...

* Trophime, Villebrequin, madame de Quatrebœufs, Ossian.
** Trophime, Villebrequin, Ossian, madame de Quatrebœufs.

OSSIAN, à sa mère.

Sa main exhale un vague parfum de cigare !...

MADAME DE QUATREBŒUFS.

Allons donc ! (Elle passe, en regardant attentivement la tête de Villebrequin.)* Mais une chose m'intrigue, cher monsieur Chauminois...

TROPHIME, à part, inquiet.

Hein ?... (Haut.) Quoi donc, belle dame ?...

VILLEBREQUIN, à part.

Attention !...

MADAME DE QUATREBŒUFS.

Mon frère Nicolas, votre ami !...

TROPHIME.

Le beau Nicolas...

MADAME DE QUATREBŒUFS.

Oui... l'aîné...

OSSIAN.

L'aîné des trois Nicolas...

TROPHIME et VILLEBREQUIN.

Oui, oui, oui !...

MADAME DE QUATREBŒUFS.

Enfin, celui de mes frères qui a négocié ce mariage... m'avait assuré qu'Eulalie avait les cheveux noirs !...

VILLEBREQUIN, à part.

Bigre !...

TROPHIME.

Des cheveux noirs ?... (Bas à Villebrequin.) Animal.

MADAME DE QUATREBŒUFS.

Comme du jais !....

VILLEBREQUIN, à part à Trophime.

C'est la faute de ton mannequin !... qui n'avait que cette perruque-là !...

OSSIAN, avec galanterie.

Et mademoiselle est du blond le plus... betterave !

MADAME DE QUATREBŒUFS.

Comment expliquer ?...

OSSIAN, à part.

Porterait-elle un faux toupet ?...

* Trophime, Villebrequin, madame de Quatrebœufs, Ossian.

TROPHIME.

Vous allez tout savoir. Parlez... ma nièce.

VILLEBREQUIN.

Non ! vous, mon oncle...

TROPHIME.

C'est à vous de dire à madame...

VILLEBREQUIN.

Non, à vous...

TROPHIME.

A vous !

VILLEBREQUIN.

A vous !

TROPHIME.

De l'obstination ? — Mademoiselle, je vous l'ordonne...

VILLEBREQUIN, bas à Trophime.

Tu m'embêtes !

TROPHIME, de même.

Je ne sais que dire !...

VILLEBREQUIN, de même.

Eh bien !... et moi ?...

TROPHIME, sévèrement.

Je vous ordonne de parler !

VILLEBREQUIN, avec mutinerie.

Je ne parlerai pas !

TROPHIME.

Non ?...

VILLEBREQUIN.

Non !

TROPHIME.

Non ? ? ?

VILLEBREQUIN.

Non ! ! !

TROPHIME.

Ah ! c'est comme ça ?... Eh bien ! ni moi non plus !

VILLEBREQUIN, beuglant.

Ah ! ah !

MADAME DE QUATREBŒUFS.

Voyons ! voyons !

OSSIAN, à part.

En attendant, nous ne savons rien !

MADAME DE QUATREBŒUFS, câlinant Villebrequin.

Elle va tout me dire à moi... à sa petite maman Quatrebœufs !

VILLEBREQUIN, pleurnichant.

A vous, oui... mais mon oncle est un méchant !

TROPHIME, sévèrement.

Mademoiselle !...

VILLEBREQUIN, beuglant.

Ah ! ah !...

MADAME DE QUATREBŒUFS.

Ne la faites donc pas pleurer !

OSSIAN, à part.

Ça lui rougit le nez !

VILLEBREQUIN, jouant l'embarras.

Vous allez m'en vouloir... Mon futur ne va plus m'aimer...

MADAME DE QUATREBŒUFS.

Pourquoi ça ?

OSSIAN, à part.

Je flaire un gazon !

VILLEBREQUIN.

C'est moi qui par espièglerie, par coquetterie de jeune fille,
ai forcé monsieur Nicolas à vous fourrer dedans.

OSSIAN et SA MÈRE.

Ah !...

VILLEBREQUIN.

A me dépeindre à vous comme une brune piquante... afin de
vous surprendre et de vous charmer par les blonds trésors de
ma chevelure ! Voilà mon crime ! voilà mon crime !

MADAME DE QUATREBŒUFS, lui tapant sur la joue.

C'est délicieux ! Petite folle ! petite gamine !

OSSIAN, à part.

Les blonds trésors. Elle est tomate ! elle est écrevisse cuite !

VILLEBREQUIN, à Trophime.

Emmène la mère... elle me tapote trop !...

(Il le pousse. Trophime va trébucher sur madame de Quatrebœufs
qui parle à son fils.)

MADAME DE QUATREBŒUFS, jetant un cri.

Ah !...

TROPHIME.

Mille pardons ! je crois que j'ai marché sur un bouchon !... Chère madame !... ménageons à ces enfants quelques minutes de tête-à-tête. Passez, je vous prie, avec moi, dans ma salle de billard.

MADAME DE QUATREBŒUFS.

Le billard est mon fort... Feu monsieur de Quatrebœufs... m'avait appris ce noble jeu... Je faisais souvent la poule avec lui.

TROPHIME.

Je ferai votre partie !...

MADAME DE QUATREBŒUFS.

Je vous rends six points !... (A Ossian.) Sois aimable et galant.

OSSIAN

Oui, maman !...

TROPHIME, à Villebrequin.

Roule-moi cet animal-là.

AIR : *Des Trois loges.*

TROPHIME.

Retournons vers nos amis
Pour faire un carambolage.

MADAME DE QUATREBŒUFS.

Soit : vous aurez l'avantage
Des six points par moi promis.

OSSIAN, à part.

Quand ma mère lui rend six *points*,
J'admire *ceux* de ma future !

VILLEBREQUIN, à part.

Au fils, je réserve deux *poings*,
Dont je rends grâce à la nature !

REPRISE.

TROPHIME.

Retournons vers nos amis
Pour faire un carambolage !
Et j'accepte l'avantage
Des six points par vous promis.

MADAME-DE QUATREBŒUFS.

Retournons vers vos amis
Pour faire un carambolage,
Et vous aurez l'avantage
Des six points par moi promis.

OSSIAN.

Retournez vers vos amis
Pour faire un carambolage;
Moi, par un tendre langage
Je vais capter ses esprits.

VILLEBREQUIN.

Retournez vers nos amis
Pour faire un carambolage,
Et moi je vais, je le gage,
Faire au bloc monsieur son fils.

(Trophime et madame de Quatrebœufs sortent par la petite porte du café.)

SCÈNE XIII

VILLEBREQUIN, OSSIAN.

VILLEBREQUIN, baissant les yeux.

Ossian, on nous laisse seuls...

OSSIAN.

Pour nous faire la cour dans la cour... C'est un mot !...

VILLEBREQUIN.

J'espère que vous n'en abuserez pas !

OSSIAN.

Moi ! mademoiselle !... Pour qui me prenez-vous ?...

VILLEBREQUIN.

Pour un profond scélérat ! Vous avez l'œil américain...

OSSIAN.

Moins que vous, belle Eulalie !... moins que vous ! (A part.)
Quelle drôle d'ingénue !

(Il prend une chaise à gauche.)

VILLEBREQUIN, s'asseyant à droite sur le fauteuil.

Voyons, asseyez-vous là... près de votre petite Lilie, et causons.

OSSIAN, à part, s'asseyant près de Villebrequin.

Je me refroidis... Brrr !...

VILLEBREQUIN, à part.

Je couve un rhume abominable !...

OSSIAN.

Dites-moi, belle Lilie !... Est-ce que notre chambre nuptiale ne sera pas un peu plus plafonnée que ce salon ?

VILLEBREQUIN.

Vous avez froid ? près de moi !

OSSIAN.

Un peu... dans le dos !

VILLEBREQUIN.

Qu'importe le dos... quand le cœur est brûlant !

OSSIAN, grelottant.

Sans doute ! sans doute !

VILLEBREQUIN, avec sentiment. et parlant comme une personne enrhumée.

Ossian. b'aibez-vous ?... (Il éternue.) Atchi !...

OSSIAN, de même.

Bes yeux ne vous l'ont-ils bas dit ?... (Il éternue.) Atchi !...

VILLEBREQUIN.

Be promettez-vous de be rendre heureuse ?... Atchi !...

OSSIAN.

On tâchera ! on tâchera !... Atchi !...

VILLEBREQUIN.

C'est que. voyez-vous... quoique blonde et timide... atchi !... je sens dans mon âme des trésors de tendresse... atchi !... à faire le bonheur d'un homme... Que dis-je ?... de quatre ou cinq hommes... atchi !...

OSSIAN.

Permettez ! permettez ! mademoiselle... atchi !... il me semble qu'en ménage... un seul est plus que suffisant... (Ils éternuent tous deux coup sur coup.) Sapristi ! Mouchons-nous. ou ça ne finira pas ! (Il se mouche. Regardant Villebrequin qui se mouche aussi, avec un bruit de trompette. A part, se levant.) C'est une marchande de robinets !...

VILLEBREQUIN, se levant.

Où en étions-nous ?

OSSIAN.

Nous en étions... à quatre ou cinq hommes, saprelotte !... et je trouve que...

VILLEBREQUIN.

Ah ! vous serez jaloux... infidèle, peut-être... Votre œil américain me le dit !

OSSIAN.

Voilà deux fois que vous me parlez d'*œils* américains ! vous vous connaissez donc en *œils* américains ?

VILLEBREQUIN, pudiquement.

Parbleu ! J'ai été si souvent pincée !

OSSIAN.

Ah ! bah !...

VILLEBREQUIN.

Le premier qui me plut et à qui que je plus était un clerc de notaire... le petit Gustave... un blondin...

OSSIAN, à part.

Crédié ! crédié ! (Haut.) Continuez, candide enfant !

VILLEBREQUIN.

Le deuxième... (Quand on va se marier, il faut tout se dire...)

OSSIAN.

Parfaitement, allez.

VILLEBREQUIN.

Le deuxième, qui m'aima... et que *j'aima* beaucoup... était un joli... mais bien joli sous-officier.

OSSIAN.

Un militaire ?...

VILLEBREQUIN.

Bai-brun !... si aimable... si distingué !... Mon oncle n'en a pas voulu... parce qu'il n'avait pas le sac !... vous comprenez...

OSSIAN.

Oui... il l'avait sur le dos... mais dans la poche...

VILLEBREQUIN.

Nisco !

OSSIAN.

Nisco !... (A part.) C'est une éducation totalement ratée !

VILLEBREQUIN.

Le troisième...

OSSIAN.

Assez !

VILLEBREQUIN.

Quand on va se marier, il faut tout se dire...

OSSIAN.

Merci !... vous raconterez la suite à votre cinquième... moi, je suis le numéro 4... et je m'en vas !...

VILLEBREQUIN.

Comment ça ?

OSSIAN.

Comment ?... On se tire une révérence courtoise... on va chercher sa maman qui joue au billard, et on exécute avec elle un duo d'escampette !... voilà comment on s'en va !...*

VILLEBREQUIN, à part.

Bravo !... (Haut.) Ossian ! tu pars ?... tu m'abandonnes ?

OSSIAN.

Mais très-gaiement ! très-gaiement ! Je vous cède à l'armée française, à pied et à cheval ! et je remercierai mon oncle Nicolas Fouillebotte...

VILLEBREQUIN, vivement, le retenant.

Fouillebotte !!!

OSSIAN.

Le frère à maman !

VILLEBREQUIN.

Ta mère est une Fouillebotte ?...

OSSIAN.

De Château-Chinon !... Arsinoé Fouillebotte... veuve de Quatrebœufs !

VILLEBREQUIN, à lui-même, palpitant.

Arsinoé ! Ah ! mon idylle !... mes premières amours !... engraissée à ce point !...

OSSIAN.

Qu'est-ce qu'il lui prend ?...

VILLEBREQUIN, contemplant Ossian.

Et cet enfant... ce fils... (Le saisissant tout à coup.) Ossian ! Ossian !

OSSIAN.

Mademoiselle, voulez-vous me lâcher ?

VILLEBREQUIN.

Ton âge ?... ton âge ?...

OSSIAN.

Vingt et un ans aux mirabelles... Voulez-vous me lâcher ?

* Villebrequin, Ossian.

VILLEBREQUIN, à lui-même.

Vingt et un ans!... ça coïncide!... Ossian!!! Ossian!!! sur mon cœur! sur mon cœur!!! (Il le prend dans ses bras et l'embrasse follement.)

OSSIAN, se débattant.

Aïe!... Au secours! Maman! maman! (Effaré, il va pour se sauver dans le café.)

VILLEBREQUIN, le retenant.

Oh! non! ne l'appelle pas encore!... Je ne veux pas qu'elle me revoie sous ce costume! (Se retournant.) Dégraffe-moi!

OSSIAN, scandalisé et s'éloignant à gauche.

Par exemple! jamais de la vie!

VILLEBREQUIN, se frappant le front.

Mais, j'y pense!... j'ai compromis ton bonheur, ton avenir!... Ce mariage que ta bonne mère rêvait pour toi!

OSSIAN.

N'en parlons plus!

VILLEBREQUIN, qui a saisi un album et un crayon sur la cheminée et qui écrit fiévreusement.

Oh! si!... Attends, petit, attends!... je puis tout réparer!

OSSIAN.

Comment! petit!... Est-elle familière!... Qu'est-ce qu'elle griffonne là?

VILLEBREQUIN, qui a plié le billet, le lui donnant.

Tiens! tiens!... vite! ce billet à monsieur Chauminois... là! au premier étage!

OSSIAN, étonné.

Au premier étage?...

VILLEBREQUIN.

Et dis à ta mère que je vais revenir sous mes véritables attributs. (Lui lançant des baisers.) A bientôt, chéri! à bientôt! (Il disparaît dans la loge.)

SCÈNE XIV

OSSIAN, puis TROPHIME.

OSSIAN.

Qu'est-ce qu'elle chante?... au premier étage?... puisqu'on nous a dit qu'il n'y a pas d'étage!

TROPHIME, dans le café.

Je suis à vous dans deux minutes.

OSSIAN.

Le papa Chauminois !...

TROPHIME, entrant.

Eh bien ! mon cher Ossian...

OSSIAN. froidement.

Monsieur, c'est une lettre... qu'entre vos mains mademoiselle votre nièce m'a dit de remettre. (Il lui donne la lettre et passe derrière lui.) *

TROPHIME.

Ma nièce?

OSSIAN, à part.

Moi, je vas tout conter à maman ! (Il entre au café.)

SCÈNE XV

TROPHIME, puis CHAUMINOIS à sa fenêtre, puis MADAME DE QUATREBOEUFS.

TROPHIME, seul.

Ma nièce !... c'est Villebrequin !... Qu'est-ce qu'il peut m'écrire ? (Il déplie la lettre).

CHAUMINOIS. à sa fenêtre, à part.

Que vois-je?... ma cour meublée !... et fraîchement décorée !...

TROPHIME. lisant.

Cher monsieur Chauminois.....

CHAUMINOIS, à part.

Chauminois?...

TROPHIME. lisant.

« On vous trompe!... Trophime et un de ses complices tra- « vesti en femme se livrent, dans votre cour, à toutes sortes « d'actes malfaisants! Vengez les Quatreboeufs!... » Ah! le gredin !

CHAUMINOIS. à part.

Qu'est-ce que j'entends!... ? Il disparaît.

* Trophime, Ossian.

TROPHIME, alarmé.

Ce billet n'était pas pour moi!... Il me trahit!... tout est perdu!... Où est-il, le fourbe?

MADAME DE QUATREBŒUFS, sortant du café, une queue de billard à la main.

Est-il possible!... ce qu'Ossian vient de m'apprendre... Où est votre nièce?

TROPHIME. effaré.

Non!... elle n'y est pas!... elle est au bain!... (Sortant, à part.) Courons chercher du renfort! (Il entre en courant au café.)

SCÈNE XVI

MADAME DE QUATREBŒUFS. puis CHAUMINOIS.

MADAME DE QUATREBŒUFS, seule.

Au bain!... Il faut que je lui parle!... il faut qu'elle me dise.....

CHAUMINOIS, dans l'escalier.

Ah! ventre de biche! nous allons voir!

MADAME DE QUATREBŒUFS, effrayée.

Ah! mon Dieu! la voix du fou!

CHAUMINOIS, entrant. une forte canne à la main.

Un complice travesti en femme! *

MADAME DE QUATREBŒUFS.

Le voilà!

CHAUMINOIS, l'apercevant.

Une dame!... une très-forte dame... que je ne connais pas!

MADAME DE QUATREBŒUFS. à part, très-effrayée.

Comme il me regarde! **

CHAUMINOIS.

Elle tient une queue de billard! Ce port... cette allure... plus de doute!... c'est lui!...

MADAME DE QUATREBŒUFS.

Sauvons-nous!

CHAUMINOIS, croisant sa canne.

Vous ne sortirez pas!

* Chauminois, madame de Quatrebœufs.
** Madame de Quatrebœufs. Chauminois.

MADAME DE QUATREBŒUFS, croisant le fer avec sa queue de billard.

Laissez-moi passer! (Ils sont tous deux en garde et les armes croisées.)

CHAUMINOIS, ferraillant.

Inutile de faire ta petite voix!... Tu es reconnu, chenapan!

MADAME DE QUATREBŒUFS, parant.

Chenapan?... Mais je suis une faible femme! (Appelant.) Mon fils! mon fils!

CHAUMINOIS, même jeu.

N'appelle pas, petit rapin!... petit pilier d'estaminet!

MADAME DE QUATREBŒUFS.

Quelle horreur! * Vous êtes un vieux fou, je suis madame de Quatrebœufs...

CHAUMINOIS.

Ah! bah!... La preuve?...

MADAME DE QUATREBŒUFS.

J'arrive de Château-Chinon!... Tenez, voici la dernière lettre que j'ai reçue de monsieur Chauminois.

CHAUMINOIS, l'examinant.

Ma lettre?... Vous êtes madame de Quatrebœufs??? — Mais alors, qu'est-ce que vous faites dans ma cour avec une queue de billard?

MADAME DE QUATREBŒUFS.

Comment, ce que je fais?

CHAUMINOIS.

Quand je vous attends chez moi depuis quatre heures... avec mon lustre!

MADAME DE QUATREBŒUFS.

Chez vous?

CHAUMINOIS.

Mais certainement! chez moi, Chauminois, l'oncle d'Eulalie.

MADAME DE QUATREBŒUFS.

Vous!!! Chauminois??? Mais je le quitte... je viens de lui gagner deux parties de carambolage!

CHAUMINOIS.

Ah! c'est trop fort!... Tenez... en croirez-vous la bande de ma *Patrie?* (Il tire un journal sous bande de sa poche.)

---

* Chauminois, madame de Quatrebœufs.

MADAME DE QUATREBŒUFS, examinant.

En effet... Mais alors... ces gens!...

CHAUMINOIS, avec explosion.

Encore la bande!... toujours la bande!...

MADAME DE QUATREBŒUFS.

De la *Patrie !*

CHAUMINOIS.

De Trophime!... un gueux?... amoureux de ma nièce... et capable de tout...

MADAME DE QUATREBŒUFS.

Et mon fils est avec eux!... Ah!... ah! je vais me trouver mal ! (Elle chancelle en proie à une crise nerveuse.)

CHAUMINOIS.

Pas ici... chez moi!... (Il la soutient et la conduit.)

MADAME DE QUATREBŒUFS.

Oh ! les scélérats !

CHAUMINOIS.

Les bandits ! — Ah ! pauvre dame ! noble dame ! (Ils disparaissent dans la maison.)

SCÈNE XVII

TROPHIME, VILLEBREQUIN, toujours en femme.

TROPHIME, qui est venu du café un peu avant la sortie.

Eh bien !... où va-t-elle?... Chauminois l'entraîne !

VILLEBREQUIN, sortant de la loge. En colère, à la cantonade.

Laissez-moi donc tranquille !... On fait attention, que diable !

TROPHIME. (Il jette sa perruque et sa douillette.)

Ah ! le voilà, le traître !

VILLEBREQUIN, descendant et à lui-même.

C'est affreux !... Cet animal de portier qui s'endort et qui laisse brûler une jambe de mon pantalon sur son poêle ! (Il relève le bas de sa robe et montre une jambe de son pantalon brûlée jusqu'au haut de la tige de sa botte.)

TROPHIME, lui frappant sur l'épaule.

Eh bien ! Villebrequin ?

VILLEBREQUIN. sursautant, à part.

Trophime !... Oh ! la la !

TROPHIME, se contraignant.

Où en sont nos affaires?...

VILLEBREQUIN.

Mais elle marchent très-bien! très-bien! — Tu n'aurais pas une jambe de pantalon à me prêter?

TROPHIME.

Que dis-tu de ce billet?... (Il lui met sa lettre sous le nez.)

VILLEBREQUIN, à part.

Soupe à la tortue! je suis pincé!... (Haut.) Mon ami, ce n'est pas vrai! C'est une ruse de guerre...

TROPHIME.

Nous allons voir cela!... (Il va vers la loge.)

VILLEBREQUIN.

Où vas-tu?...

TROPHIME.

Chercher de quoi te massacrer, toi et ton protégé... (Il entre dans la loge.)

VILLEBREQUIN.

Massacrer Ossian!!! (Suppliant) Trophime!!!

SCÈNE XVIII

VILLEBREQUIN, OSSIAN, puis TROPHIME.

OSSIAN, sortant du café et fumant.

Je fume, moi... ça me fait mal au cœur, mais ça m'amuse.

VILLEBREQUIN.

Malheureux! le voilà!...

OSSIAN.

Mademoiselle!... je ne vous...

VILLEBREQUIN. l'interrompant.

Pas de phrases... pas de manières... un rival en veut à tes jours...

OSSIAN. sursautant.

Hein! plaît-il?...

VILLEBREQUIN.

Sauve-toi!...* Grimpe là-haut.. (Voyant s'ouvrir la porte de la loge.) Trop tard... Ah! mets-toi là!

* Ossian, Villebrequin.

OSSIAN.

Mademoiselle !...

VILLEBREQUIN.

Ne bouge pas ou tu es mort !... (Il le fait accroupir sous sa crinoline du côté opposé au public.)

TROPHIME, une énorme lardoire à la main.

Je n'ai trouvé que ça, mais ça me suffit pour vous deux.

VILLEBREQUIN

Une lardoire !... mon ami... mon bon ami...

TROPHIME.

Je n'écoute rien !

MADAME DE QUATREBŒUFS, criant dans l'escalier.

Mon fils ! où est mon fils ?...

TROPHIME.

On vient !... Je serai là !...

VILLEBREQUIN, effrayé.

Oh !!!

TROPHIME.

Un mot de trahison et je te brûle la cervelle. (Il se campe vivement sous la crinoline.)

VILLEBREQUIN, pétrifié.

Crédié !!! tous deux !!! Ils vont se dévorer là-dessous !! (Il reste immobile et terrifié.)

SCÈNE XIX

VILLEBREQUIN, TROPHIME et OSSIAN cachés sous la crinoline, CHAUMINOIS. MADAME DE QUATREBŒUFS, EULALIE, NANINE, puis le PORTIER et les AMIS.

MADAME DE QUATREBŒUFS, entrant éplorée.

Où est-il ?...

CHAUMINOIS, de même.

Oui, où est-il ? *

EULALIE.

Mon Dieu ! que va-t-il arriver ?

* Nanine, Eulalie, Chauminois, madame de Quatrebœufs, Villebrequin. — Trophime et Ossian sous la crinoline.

VILLEBREQUIN, tendant les bras.

Arsinoé!

MADAME DE QUATREBŒUFS, éplorée.

Mademoiselle, vous me répondez d'Ossian! (A Chauminois.) Conduisons-la au poste!

VILLEBREQUIN, effrayé, immobile.

Non!!!

CHAUMINOIS. *

Ne lui faites pas de mal. (A Villebrequin.) Mademoiselle, ne seriez-vous pas un homme, par hasard?

VILLEBREQUIN, criant.

Non!

CHAUMINOIS.

Ne serait-ce pas vous qui avez révélé le complot de Trophime?

VILLEBREQUIN, piqué par Trophime.

Aïe!... ne parlons pas de ça!!!

MADAME DE QUATREBŒUFS.

Je veux mon fils!...

VILLEBREQUIN.

On vous le rendra, tendre mère!... Nous l'aimerons! nous le marierons!

CHAUMINOIS.

Avec Eulalie!

VILLEBREQUIN.

Avec Eulalie!... (Piqué.) Aïe!

TROPHIME, sous la crinoline, à Ossian.

Tu ne l'auras qu'avec ma vie!

OSSIAN, sous la crinoline.

Je vous la cède! je vous la cède.

(Lutte sous la crinoline.)

VILLEBREQUIN.

Aïe!

CHAUMINOIS, stupéfait.

Elle est ventriloque!

MADAME DE QUATREBŒUFS.

Je l'entends!... où est-il?... Mon fils!...

* Nanine, Eulalie, madame de Quatrebœufs, Chauminois, Villebrequin. — Trophime et Ossian sous la crinoline.

OSSIAN, sous la crinoline.

Maman!

TOUS.

Hein !

MADAME DE QUATREBŒUFS.

Ce cri souterrain !!

VILLEBREQUIN.

Elle me tutoie!... Tu m'as reconnu?

MADAME DE QUATREBŒUFS.

Mademoiselle !

VILLEBREQUIN.

Arsinoé Fouillebotte, fouille dans tes jeunes souvenirs... Il y a vingt-deux ans...

MADAME DE QUATREBŒUFS.

Quoi?

VILLEBREQUIN.

A Château-Chinon...

MADAME DE QUATREBŒUFS.

Quoi?

VILLEBREQUIN.

Le petit Villebrequin...

MADAME DE QUATREBŒUFS.

Villebrequin ! le séducteur de ma cousine?

VILLEBREQUIN.

Comment! une autre Fouillebotte?

MADAME DE QUATREBŒUFS.

Devenue vivandière après son aventure...

VILLEBREQUIN.

Ce n'est donc pas? Ah! je n'ai plus de fils!... (Il tombe à la renverse sur le fauteuil, et découvre dans sa chute Trophime et Ossian, ainsi que ses bottes.)

Entrée tumultueuse des amis et du portier. — Cri général.

Ah !

MADAME DE QUATREBŒUFS.

Ossian !

CHAUMINOIS.

Trophime ! (Voyant les bottes de Villebrequin.) Et cette demoiselle?...

CHŒUR.

AIR : *Il a des bott's.*

Oh ! elle a des bott's, elle a des bott's,
Bott's, bott's !
Elle a des bott's, grands dieux !
C'est bien mystérieux !
Y a des femm's qui portent des culott's
Lott's, lott's.
Oui, mais des bott's, bott's, bott's,
C'est inouï !
Oui ! oui !

CHAUMINOIS, regardant Villebrequin dont la perruque de femme
est tombée.

Un homme ! un ami de Trophime?

VILLEBREQUIN.

Je le redeviens, cher monsieur Chauminois.

OSSIAN.

Chauminois?

CHAUMINOIS.

Oui, mon cher Ossian, et, puisque te voilà retrouvé, montons
chez moi et signons le contrat.

OSSIAN.

Avec mademoiselle?... je veux bien... elle n'a pas de
bottes !

MADAME DE QUATREBŒUFS, allant à lui.

Malheureux ! elle ne t'aime pas !... Songe à ton oncle Nico-
lus qui avait épousé sa femme malgré elle !...

OSSIAN.

Et qui a été...

CHAUMINOIS, s'oubliant.

Comme moi !... c'est-à-dire...

OSSIAN.

Bigre ! ça me suffit !... Je renonce ! Voilà comment s'en tire
un vrai Château-Chinois !

CHAUMINOIS.

Et je reste avec une nièce compromise sur les bras !

TROPHIME.

Pas du tout, monsieur... je l'accepte !

* Nanine, Eulalie, Trophime, Villebrequin, madame de Quatrebœufs,
Ossian, Reginguet, le portier, les amis derrière.

CHAUMINOIS.

Vous ?... mais vous n'avez pas le sou !

VILLEBREQUIN.

Je lui lègue tout ce que j'ai !

CHAUMINOIS.

Vous êtes riche ?

VILLEBREQUIN.

Je ne connais pas ma fortune !

CHAUMINOIS, à Trophime.

Monsieur.., si nous n'étions pas en carnaval, je ne vous l'ac-
corderais pas ! (Il fait passer Eulalie à côté de Trophime.) D'ailleurs,
j'avais besoin d'un peintre dans ma famille, pour faire peindre
ma salle à manger... en jaune !

TOUS.

Bravo ! papa Chauminois !

VILLEBREQUIN.

Et en avant ton raout !

CHAUMINOIS.

Chez moi !... j'ai un lustre !

TROPHIME.

Non ! ici! chez moi !... ce sera mon bal des fiançailles !

OSSIAN, soufflant dans ses doigts.

Ou plutôt... le bal des engelures !

CHŒUR.

AIR : *Il a des boff's, Bastien.*

C'est grâce à des bott's, grâce à des bott's
  Bott's, bott's.
Que cet heureux hymen
Va s'accomplir enfin !
Ce mariage à propos de bott's,
  Bott's, bott's,
Leur promet un destin
  Délicieux, divin !

OSSIAN, au public.

Mêlica du même air.

Sur cette pièce extravagante.
Aux incidents plus ou moins neufs,
Souffrez, messieurs, que je présente
L'opinion des Quatrebœufs :
Cette œuvre est une matelotte,
Un vrai mic-mac... oui, j'en conviens :

Mais elle a des bott's, elle a des des bott's,
          Bott's, bott's;
Elle a, comme Bastien,
Ses bottes pour soutien !
Faites que ses bott's, que ses bott's,
          Bott's, bott's,
Soient, malgré leurs travers,
Exemptes de revers.

TOUS.

Mais elle a des bott's, etc.

(Pendant la reprise du chœur, la danse commence ; tous les danseurs soufflent dans leurs doigts. — Le rideau tombe.)

FIN.

Paris. — Imp. de la Librairie Nouvelle, A. Bourdilliat, 15, rue Breda.